AF608374

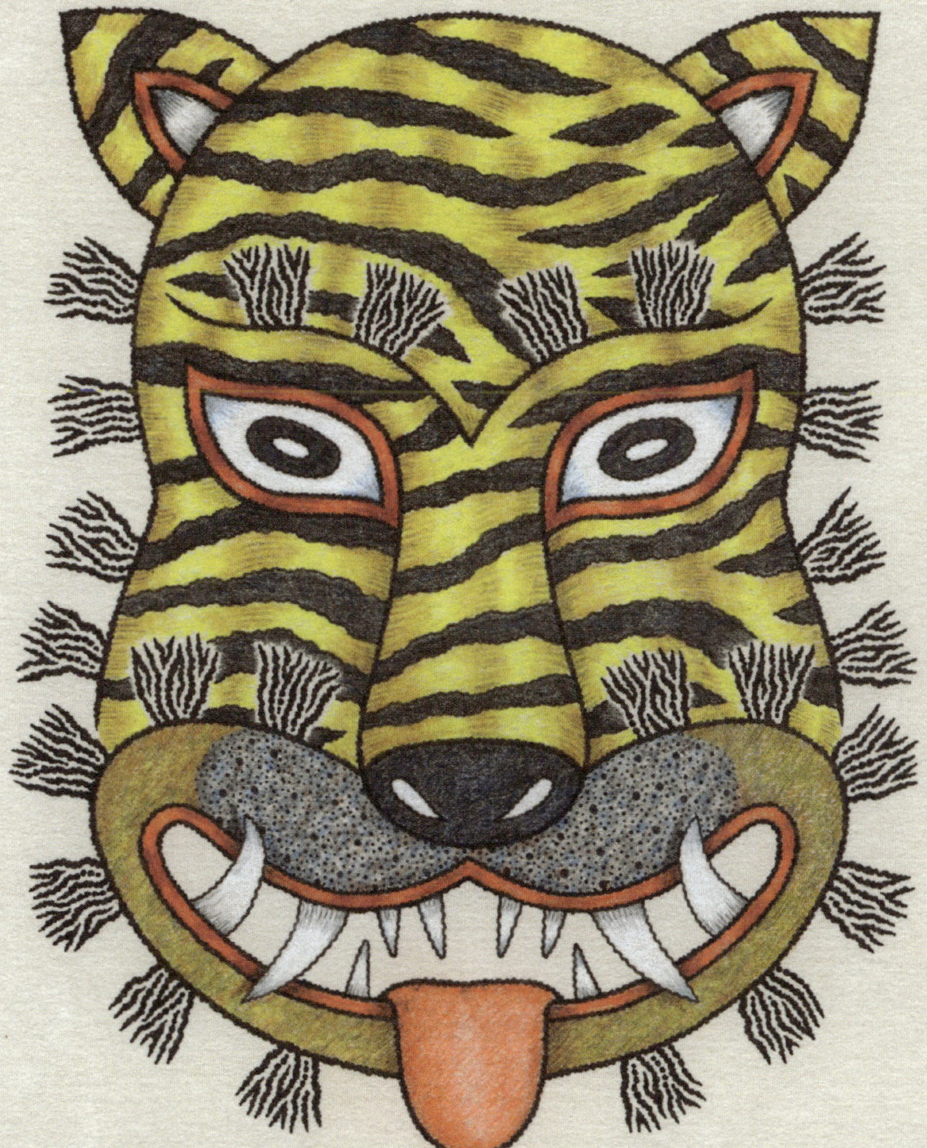

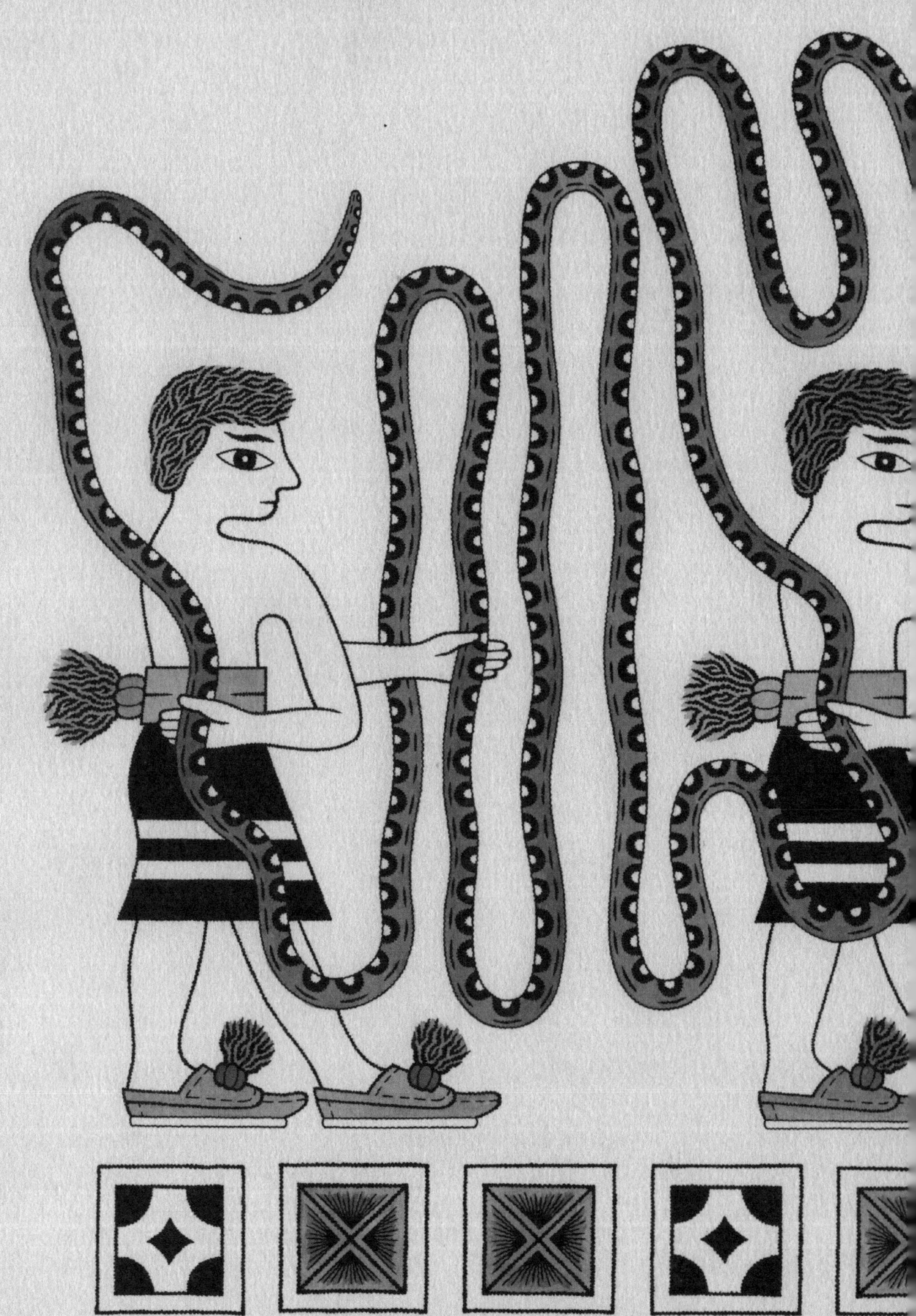

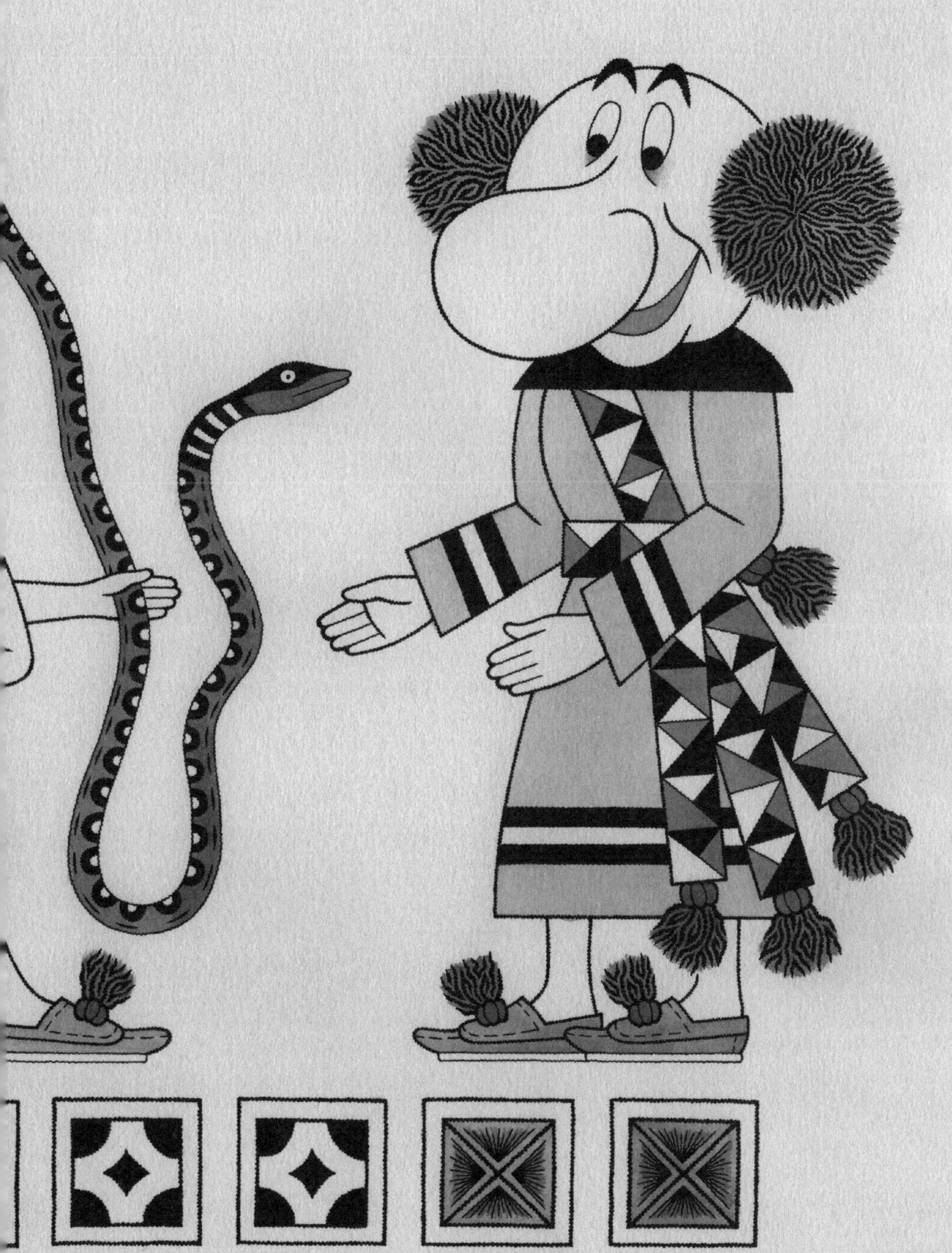

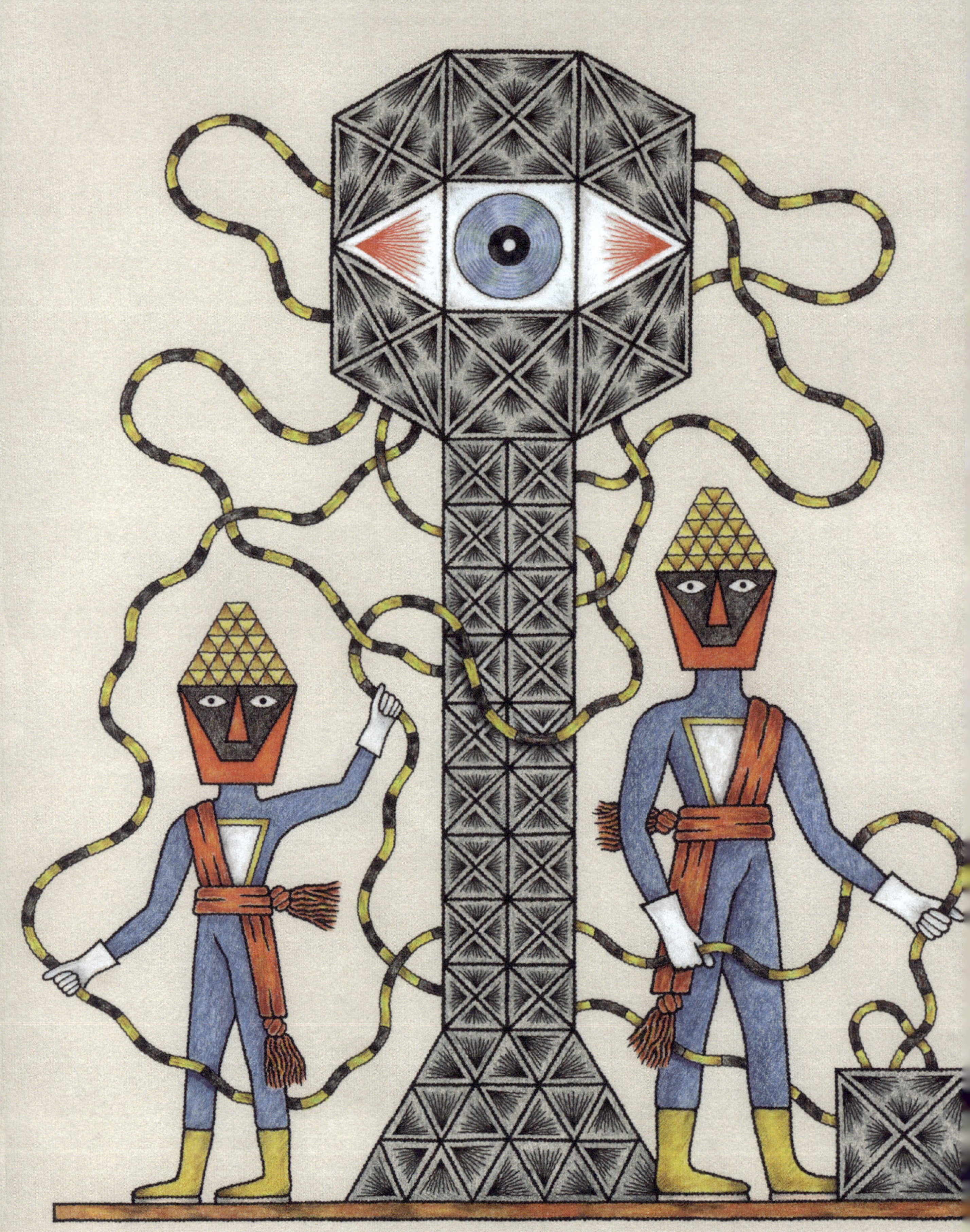

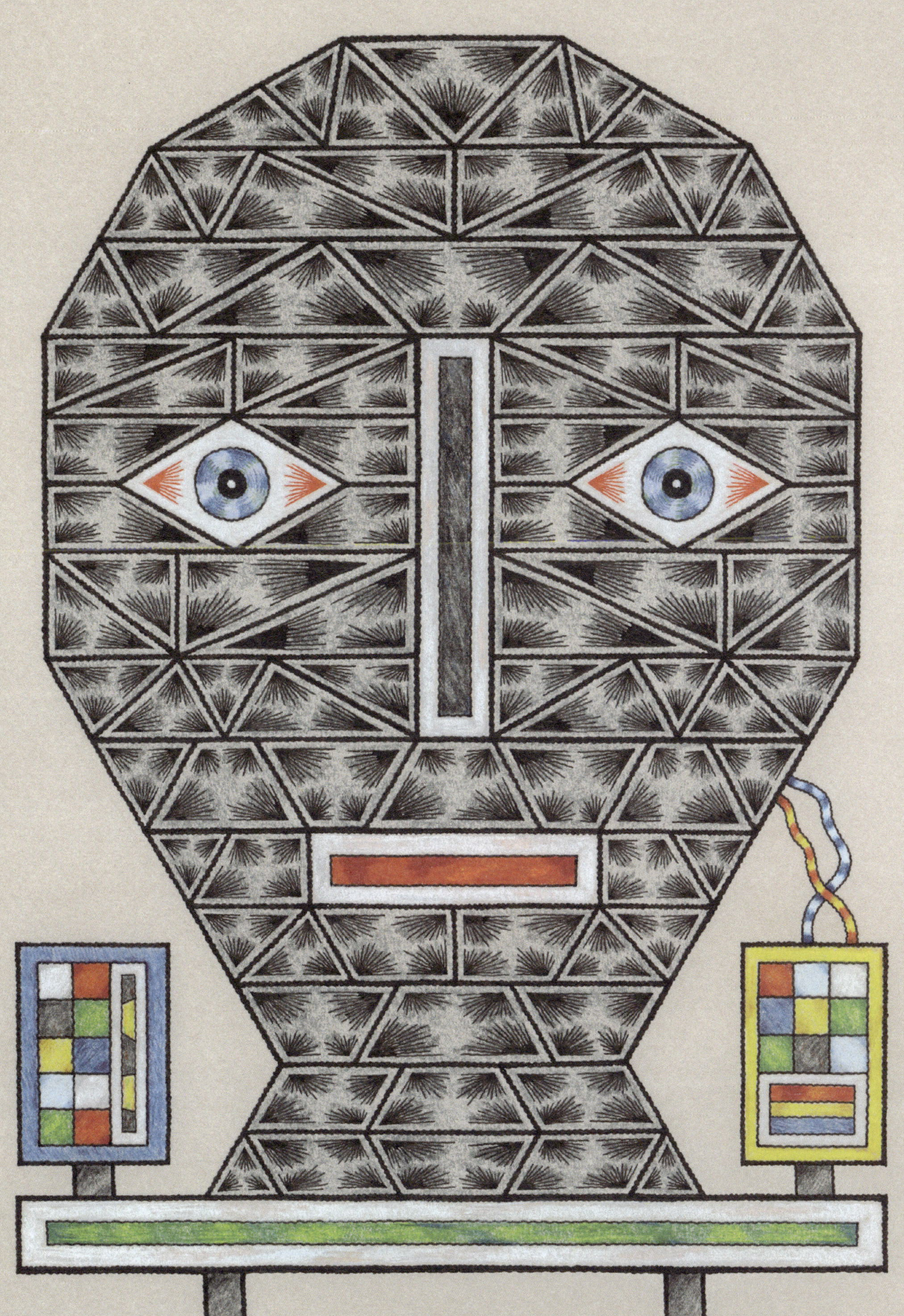

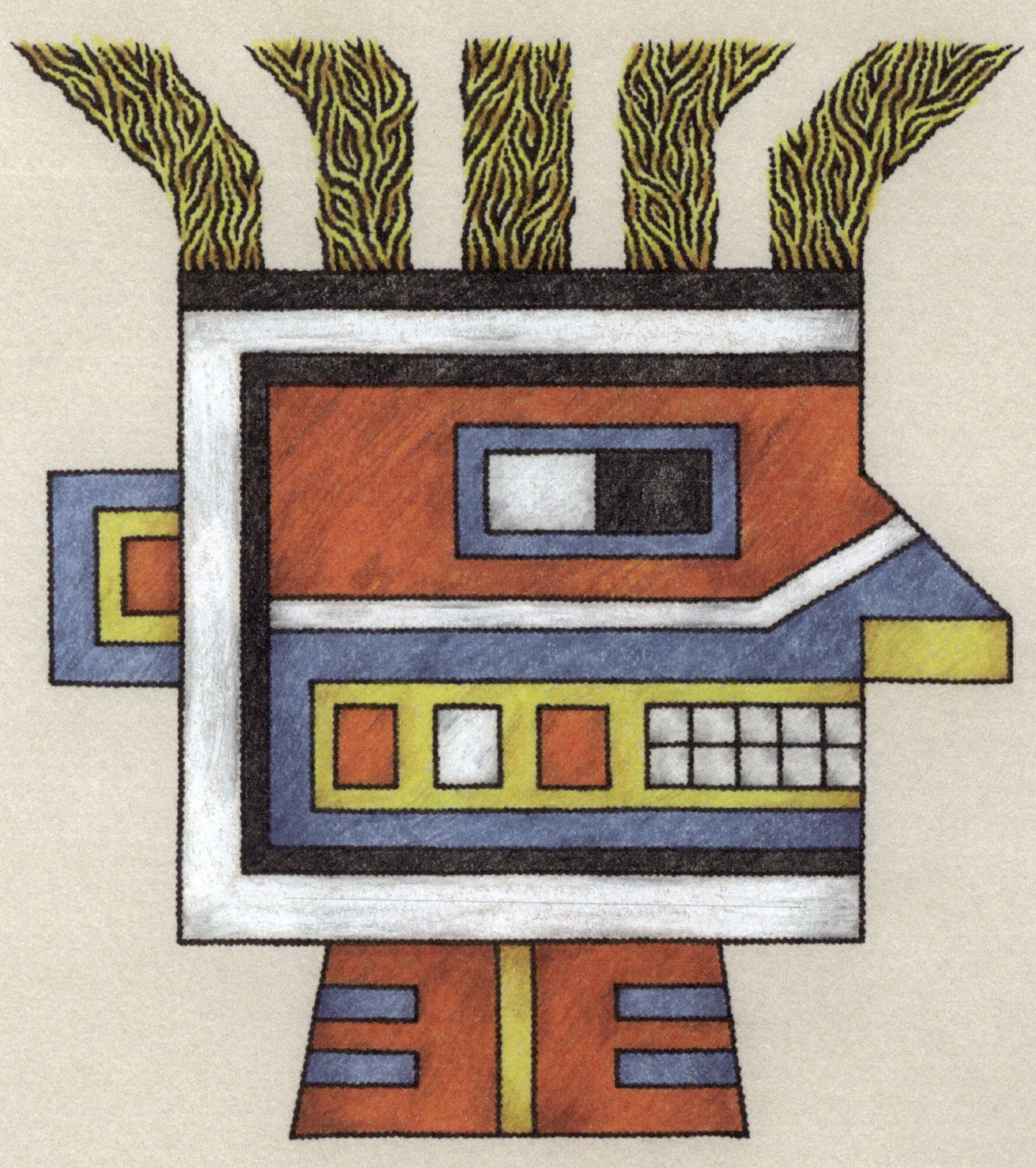

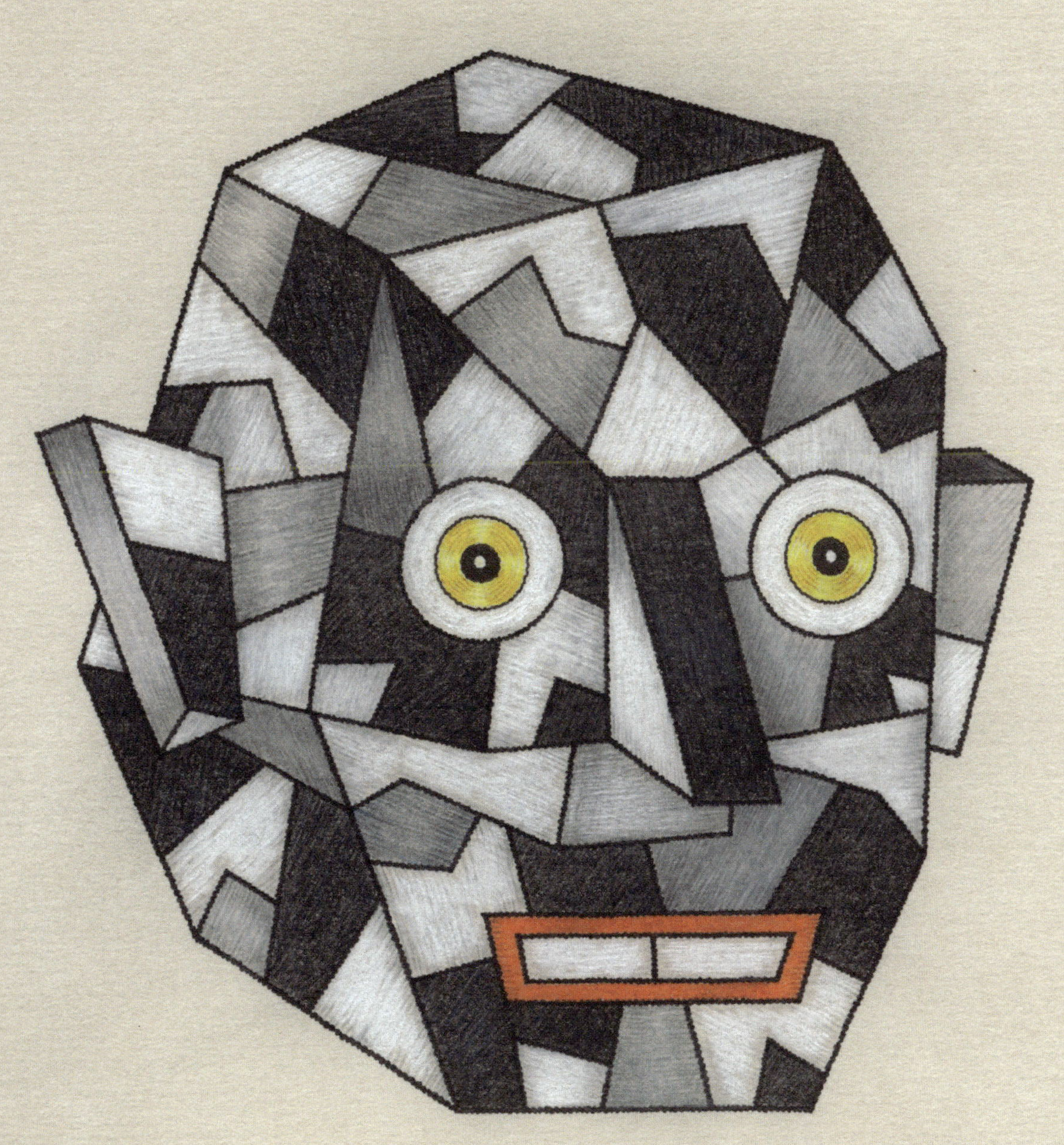

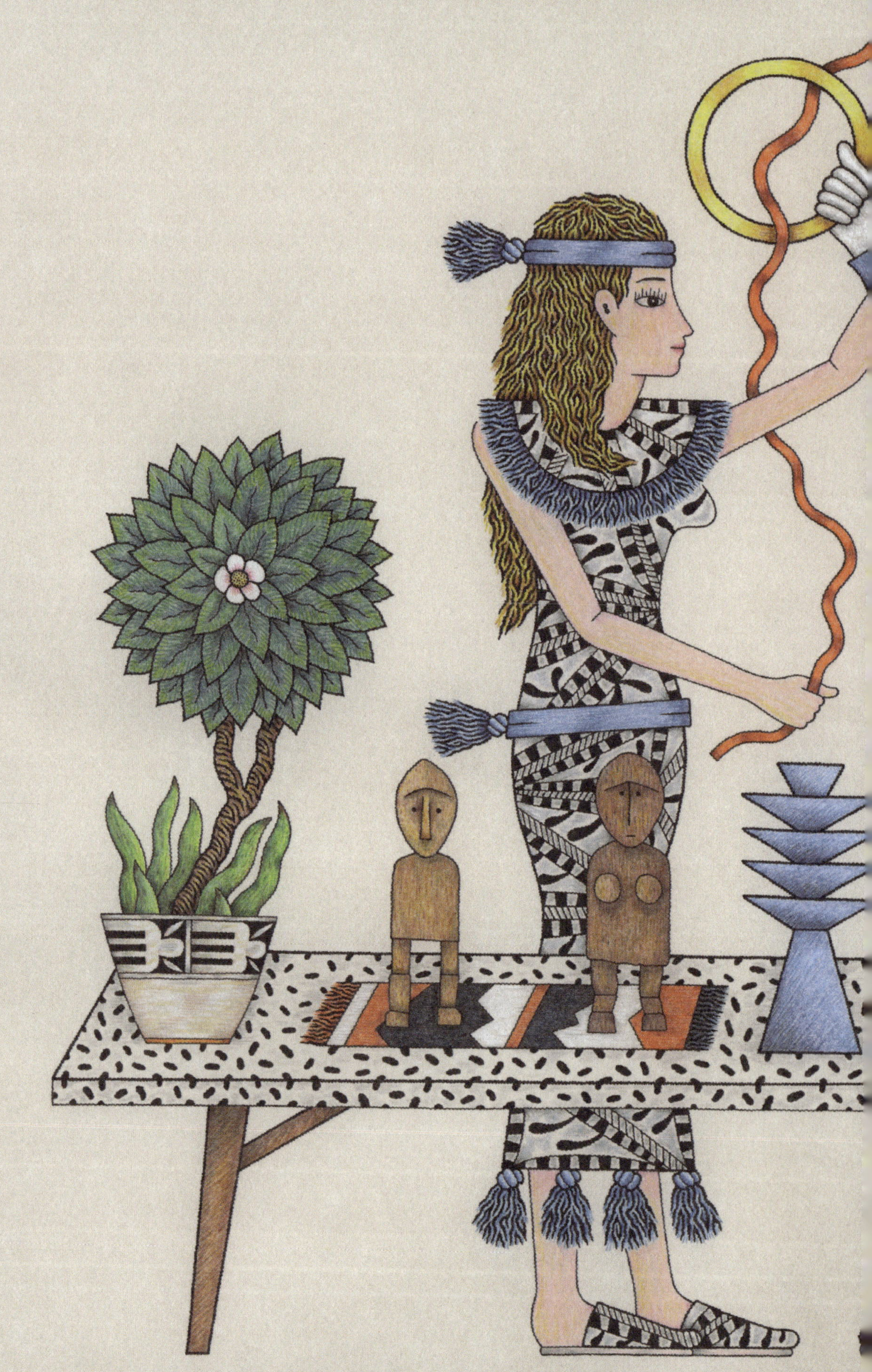

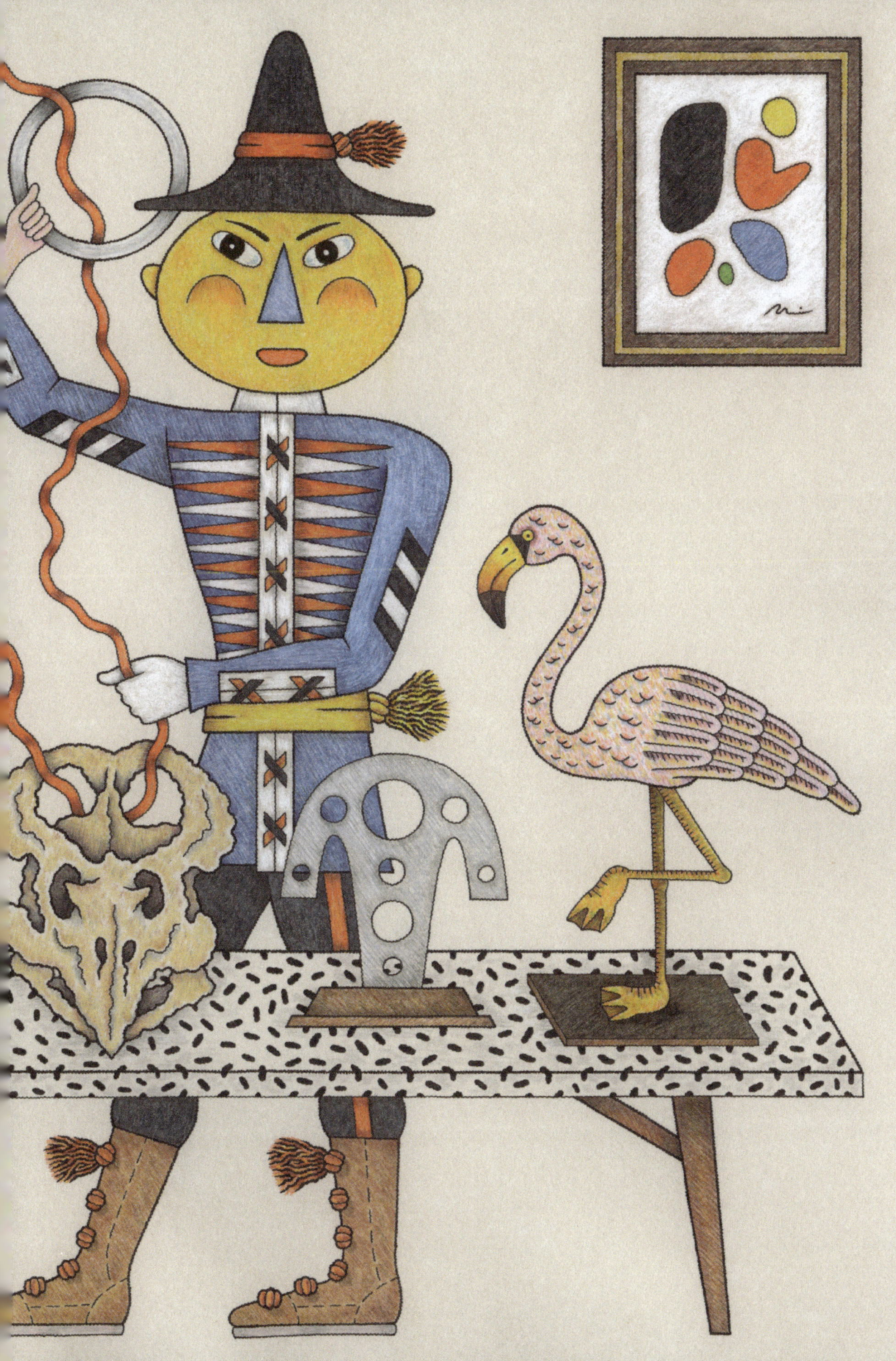

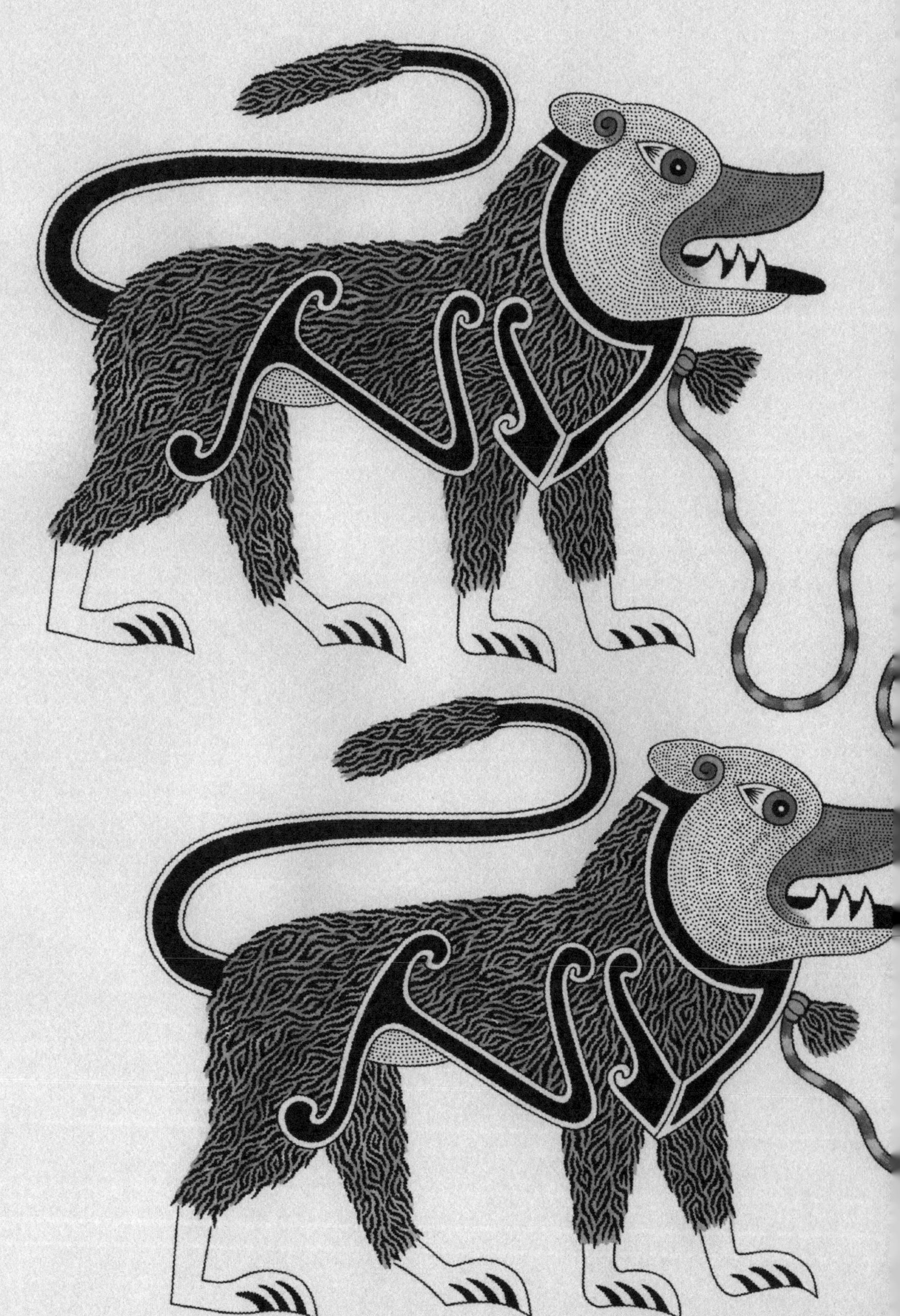

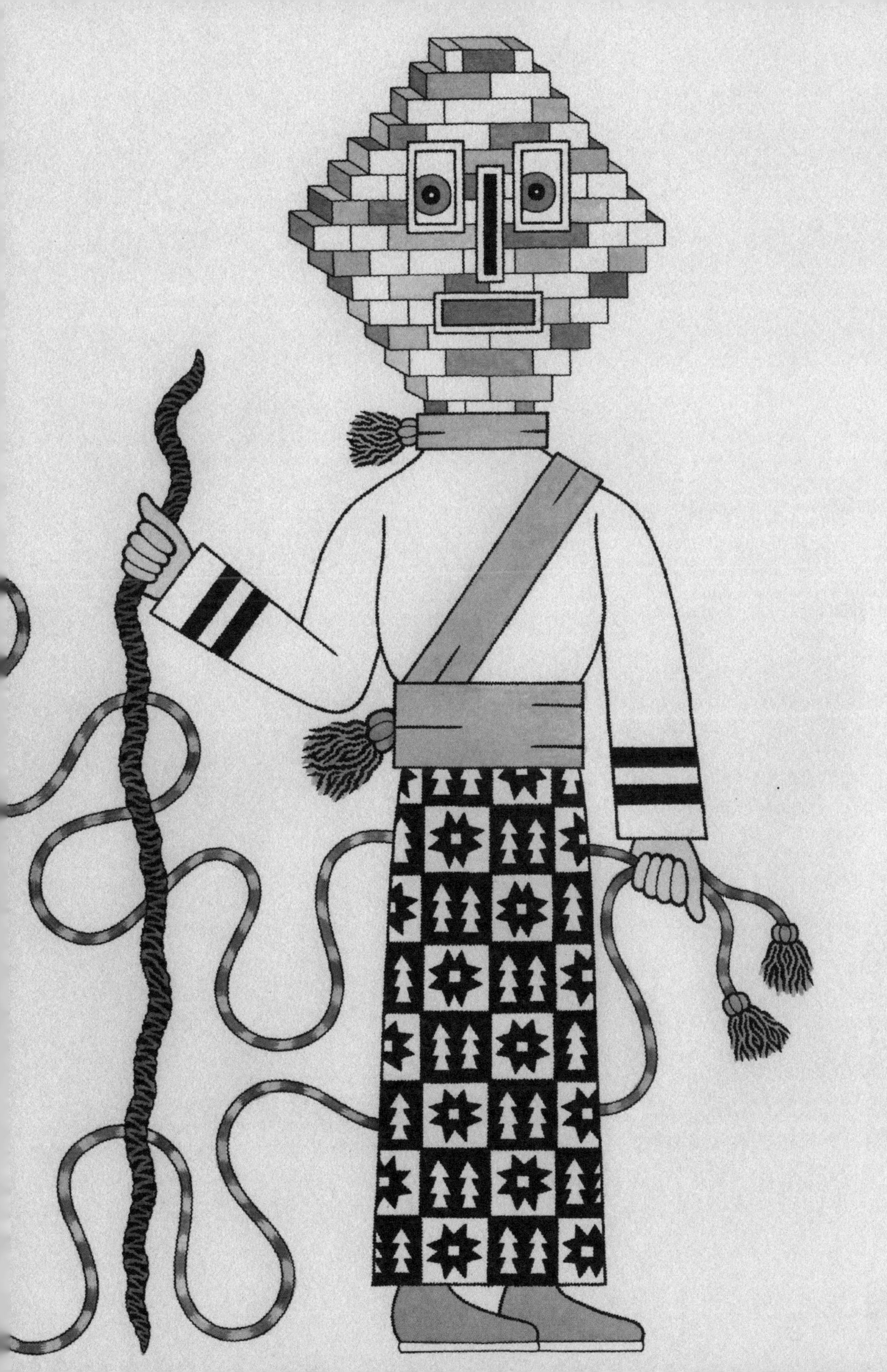

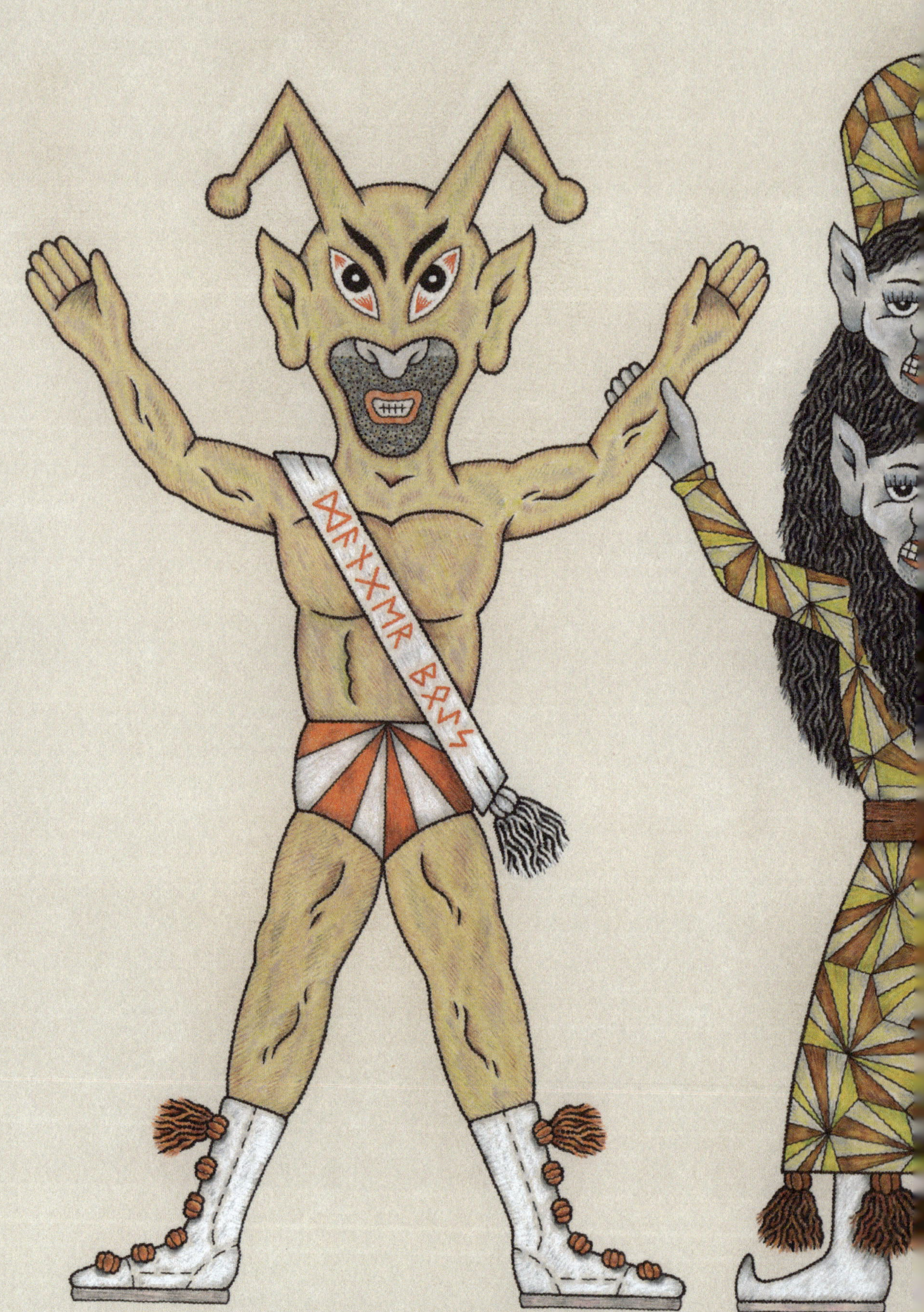

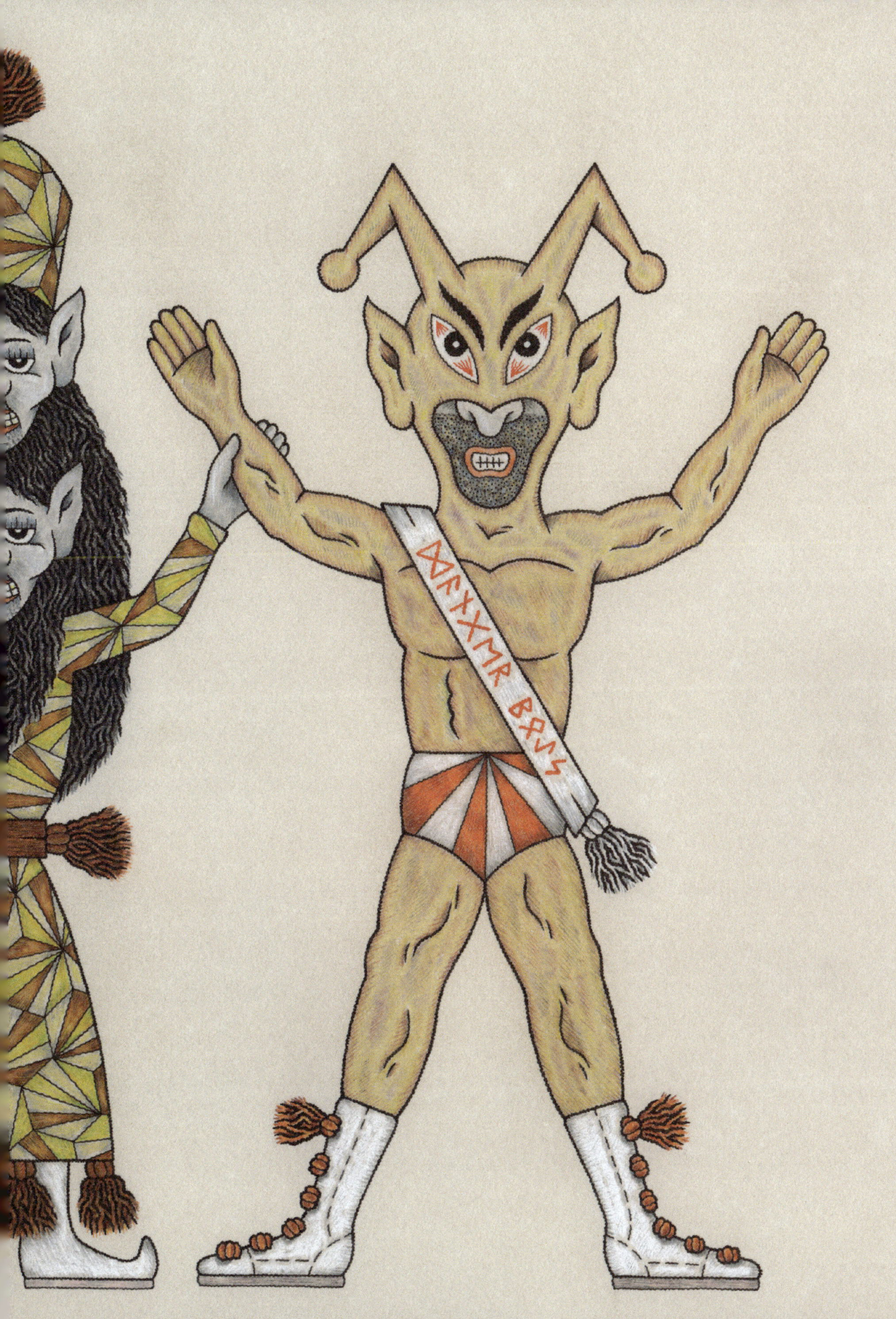
ᛞᚨᚷᛖᚱ ᛒᛟᚢᛊ

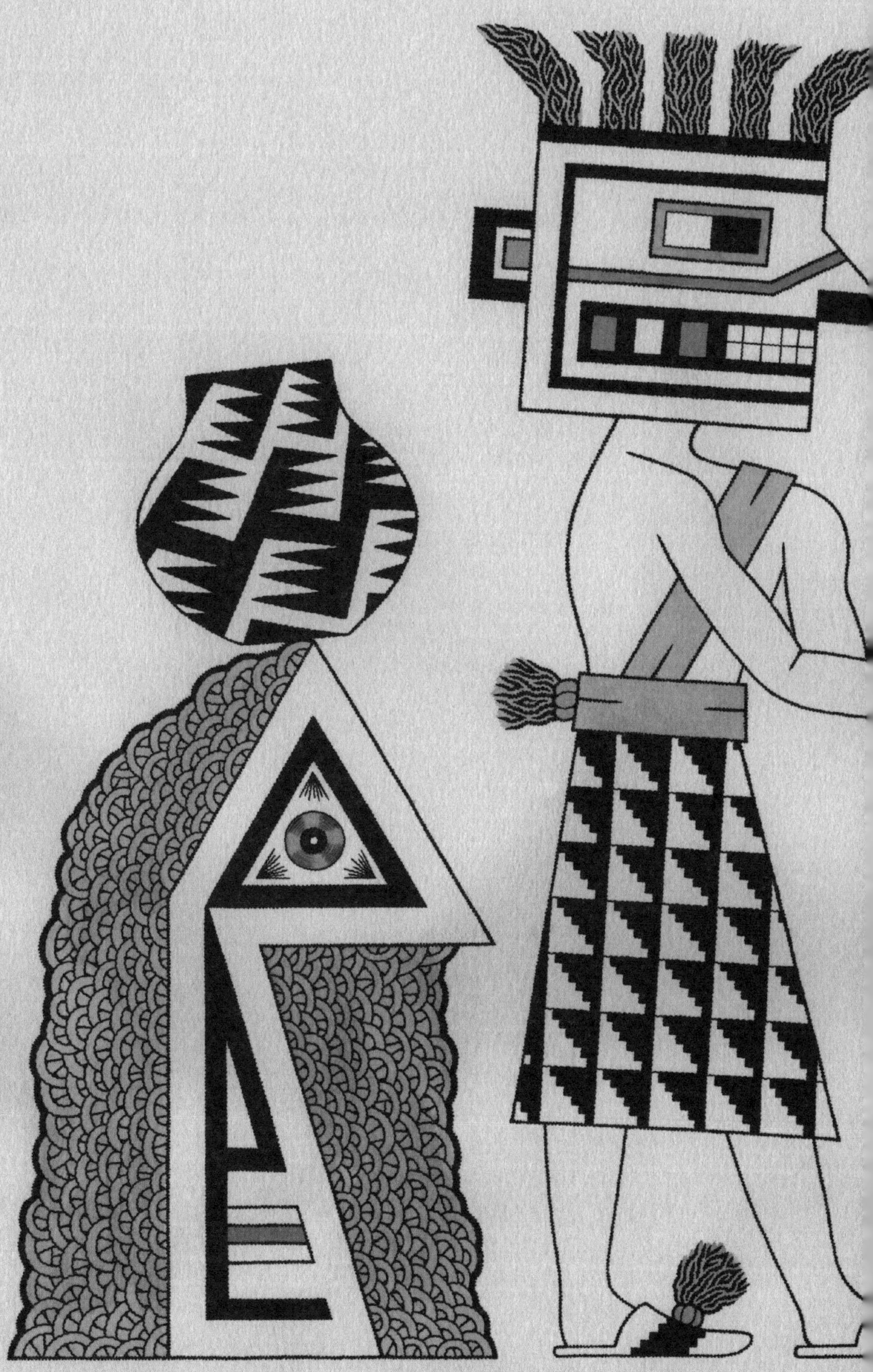

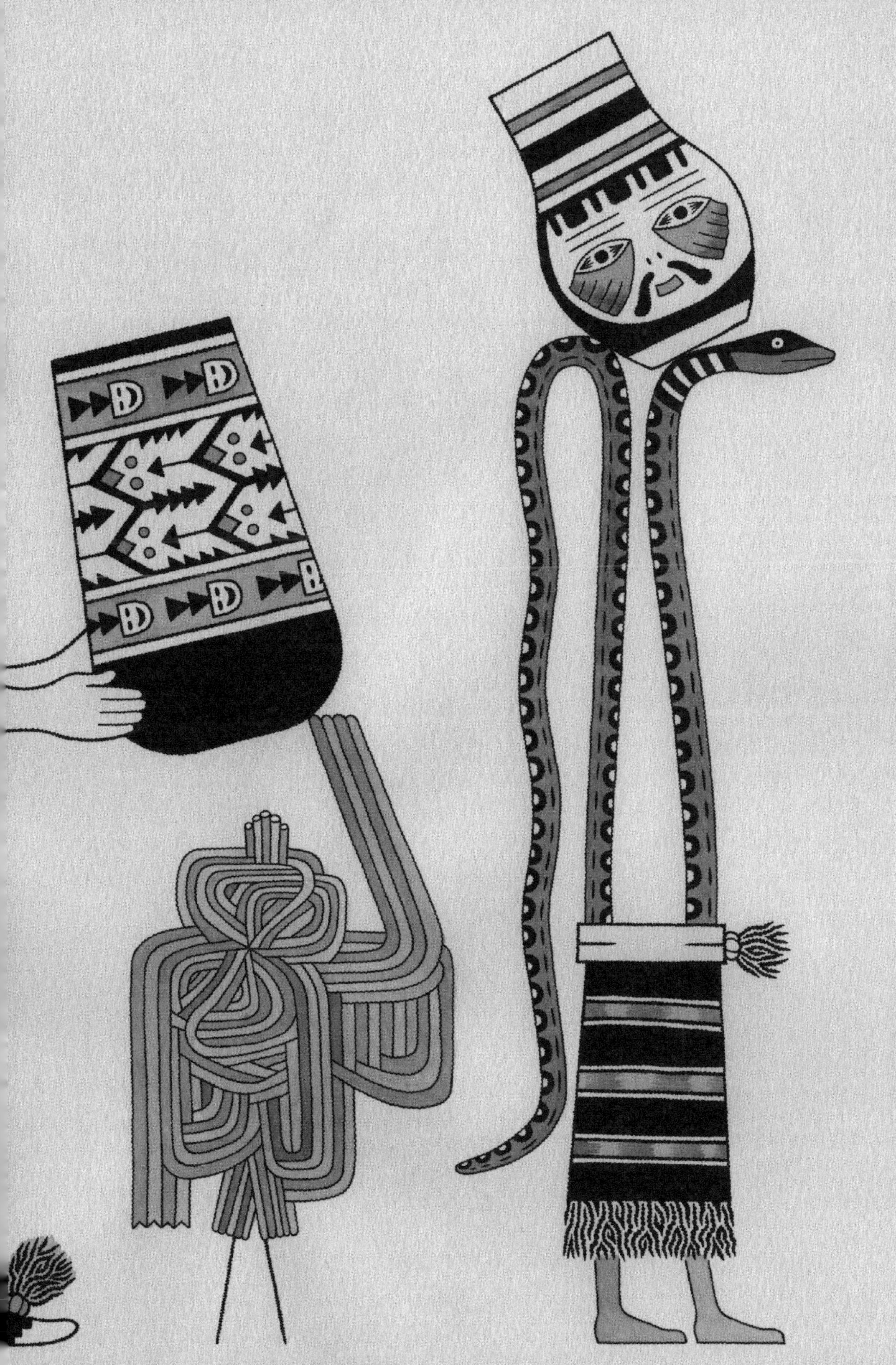

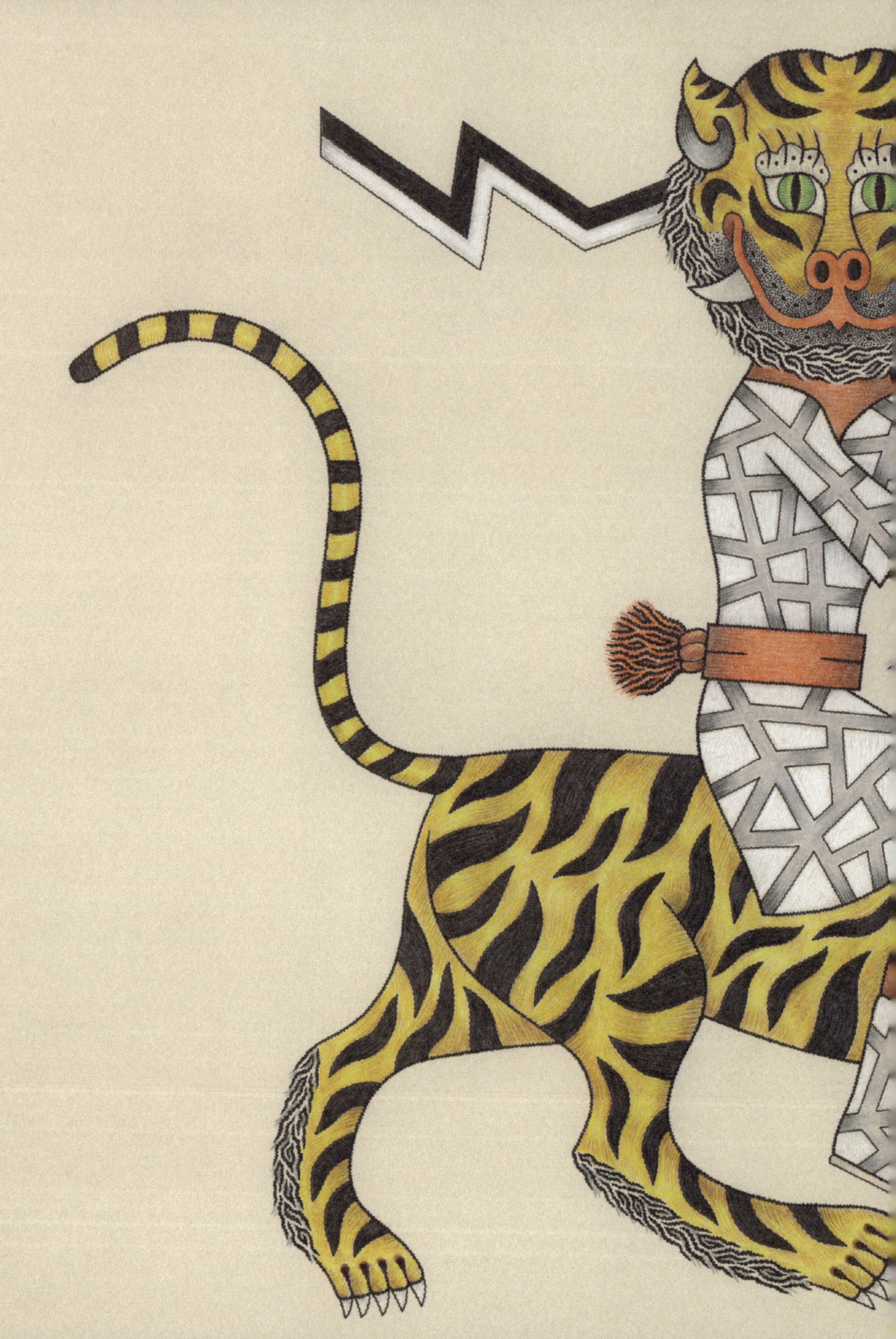

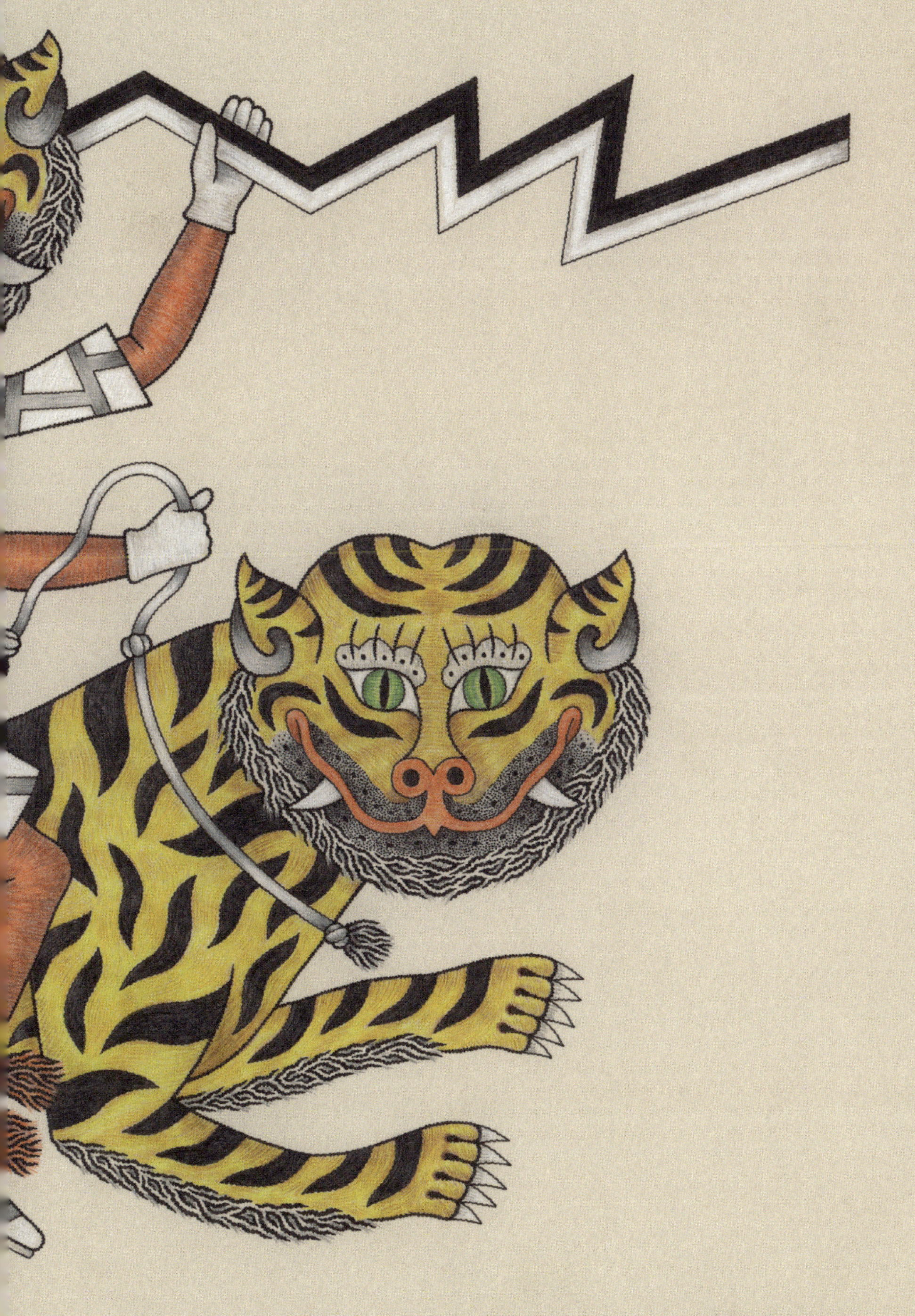

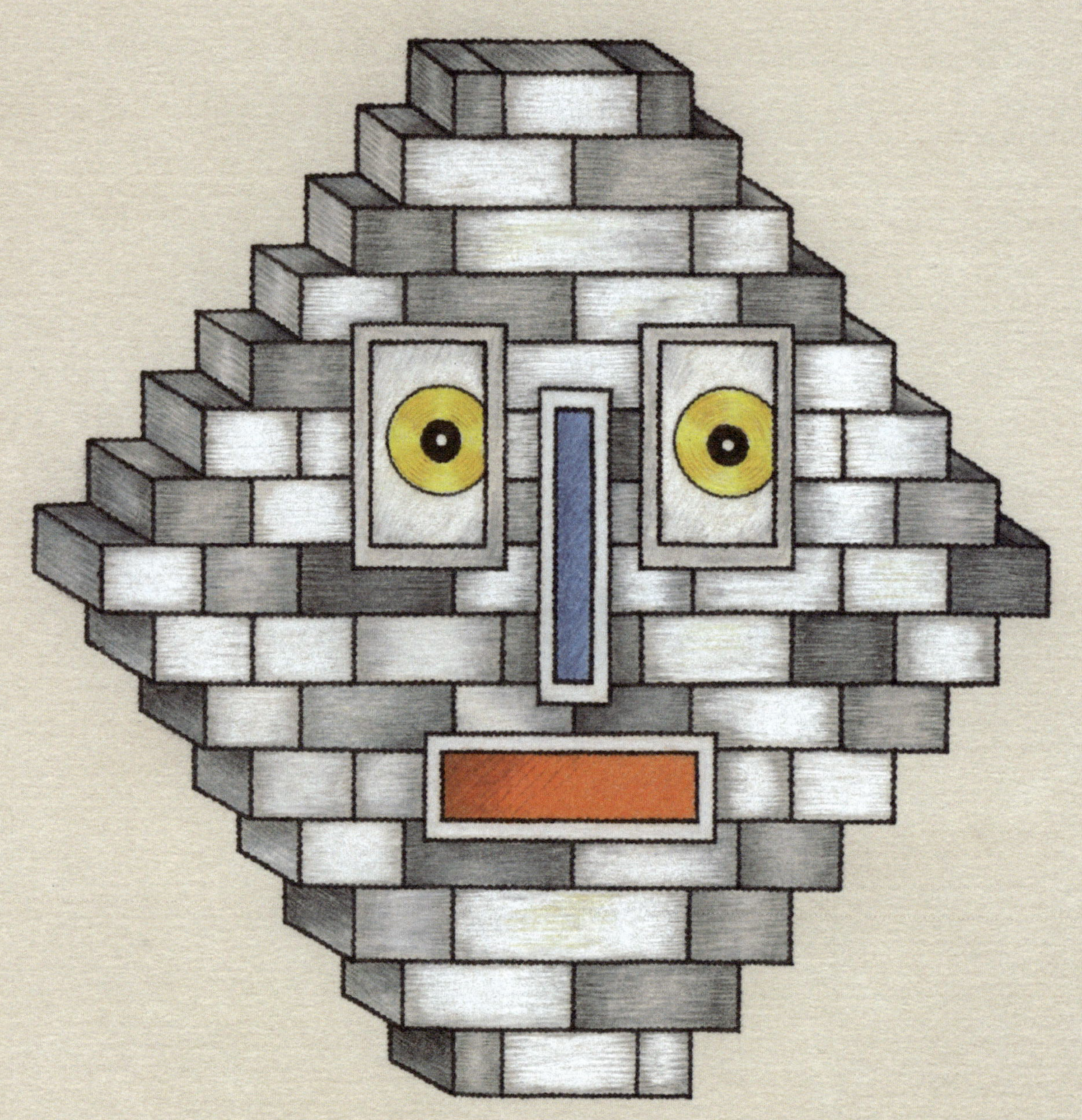

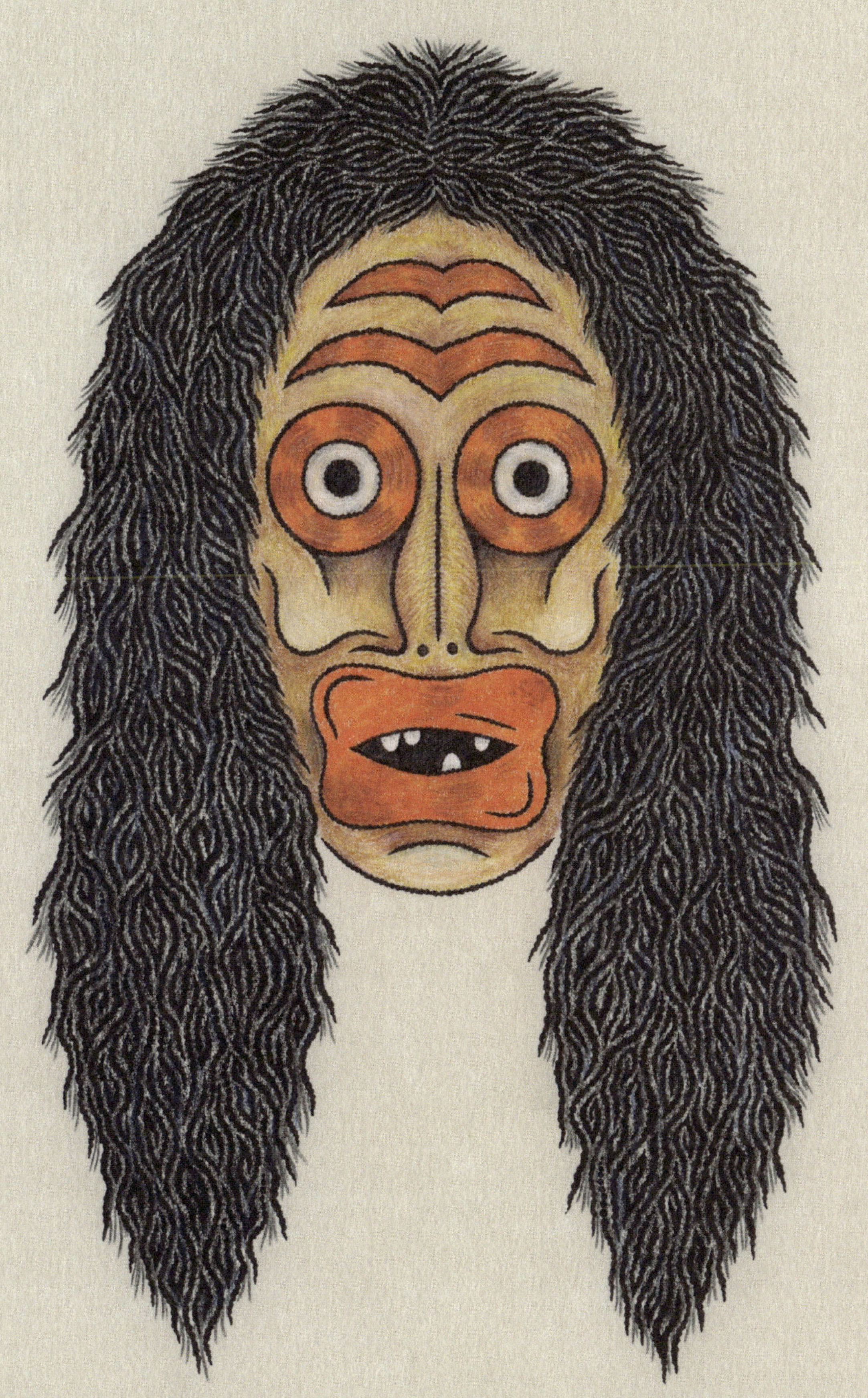

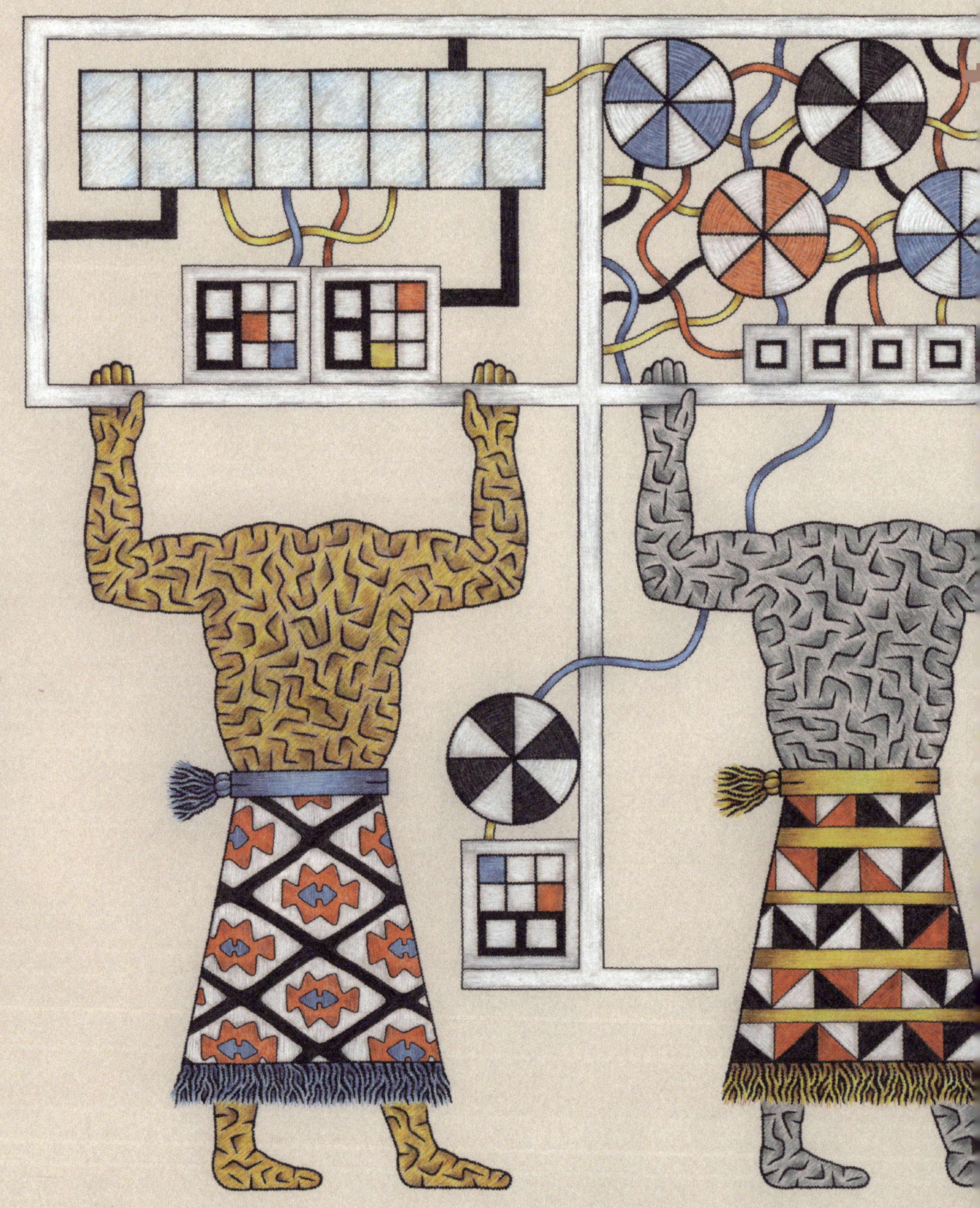

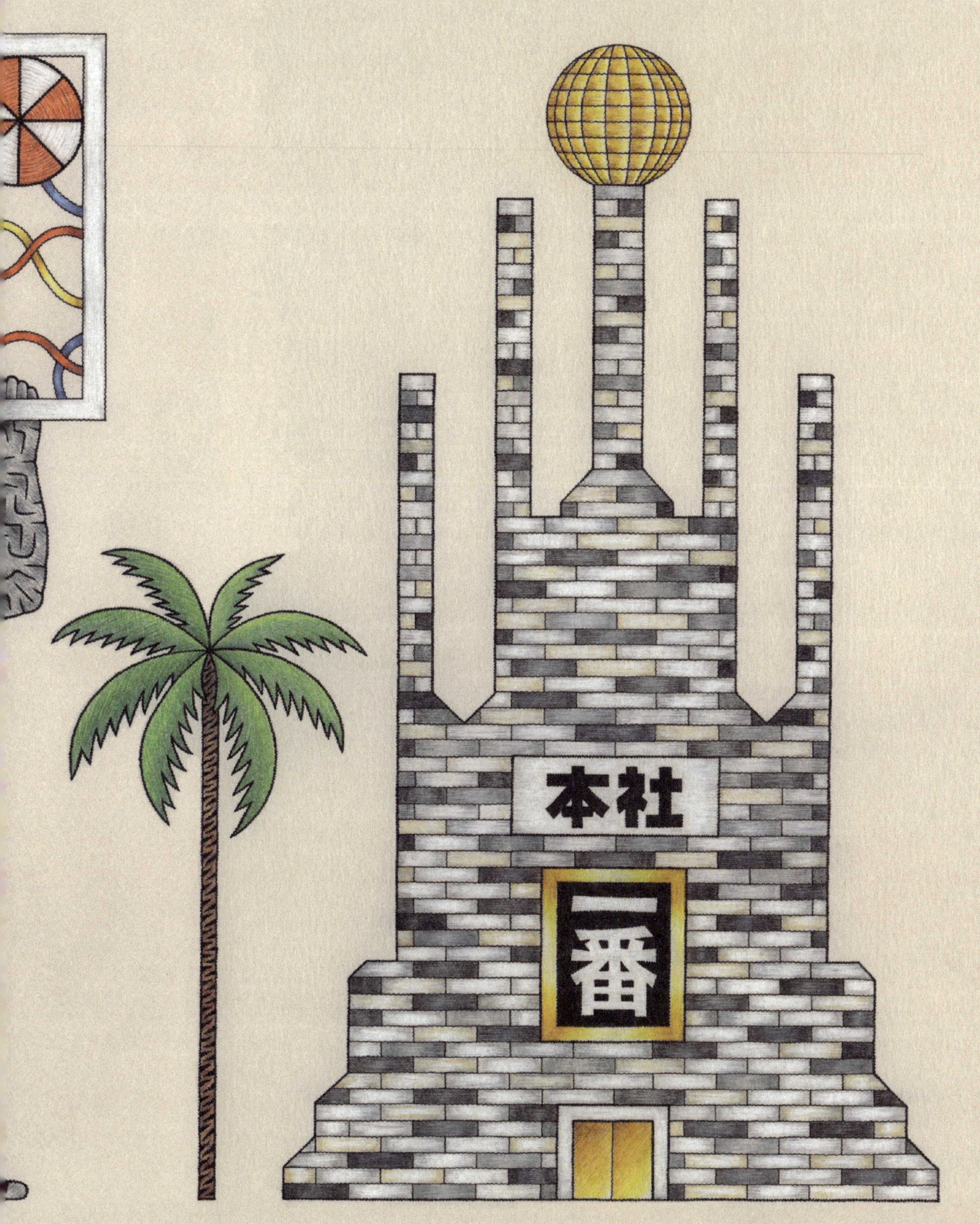
本社
一番

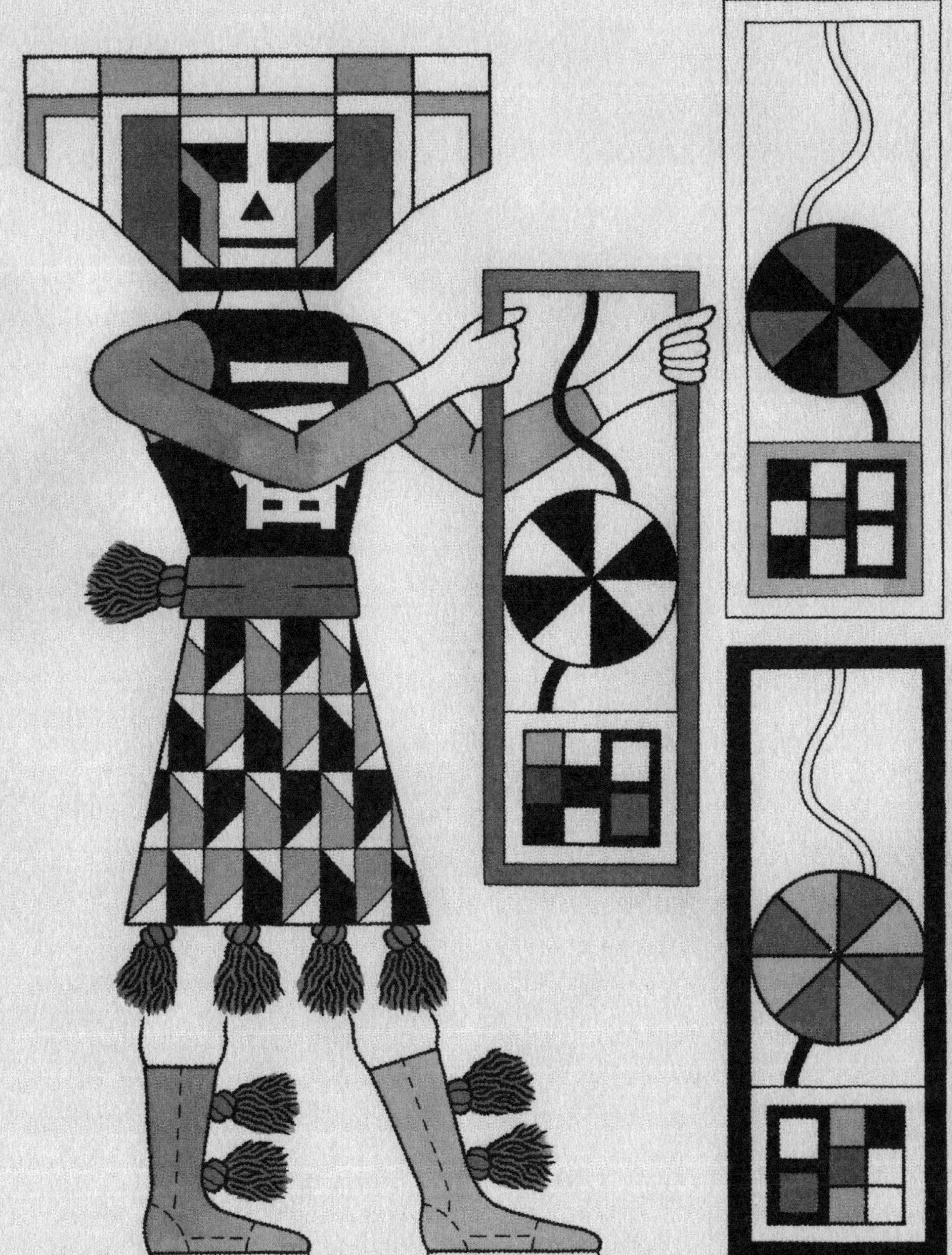

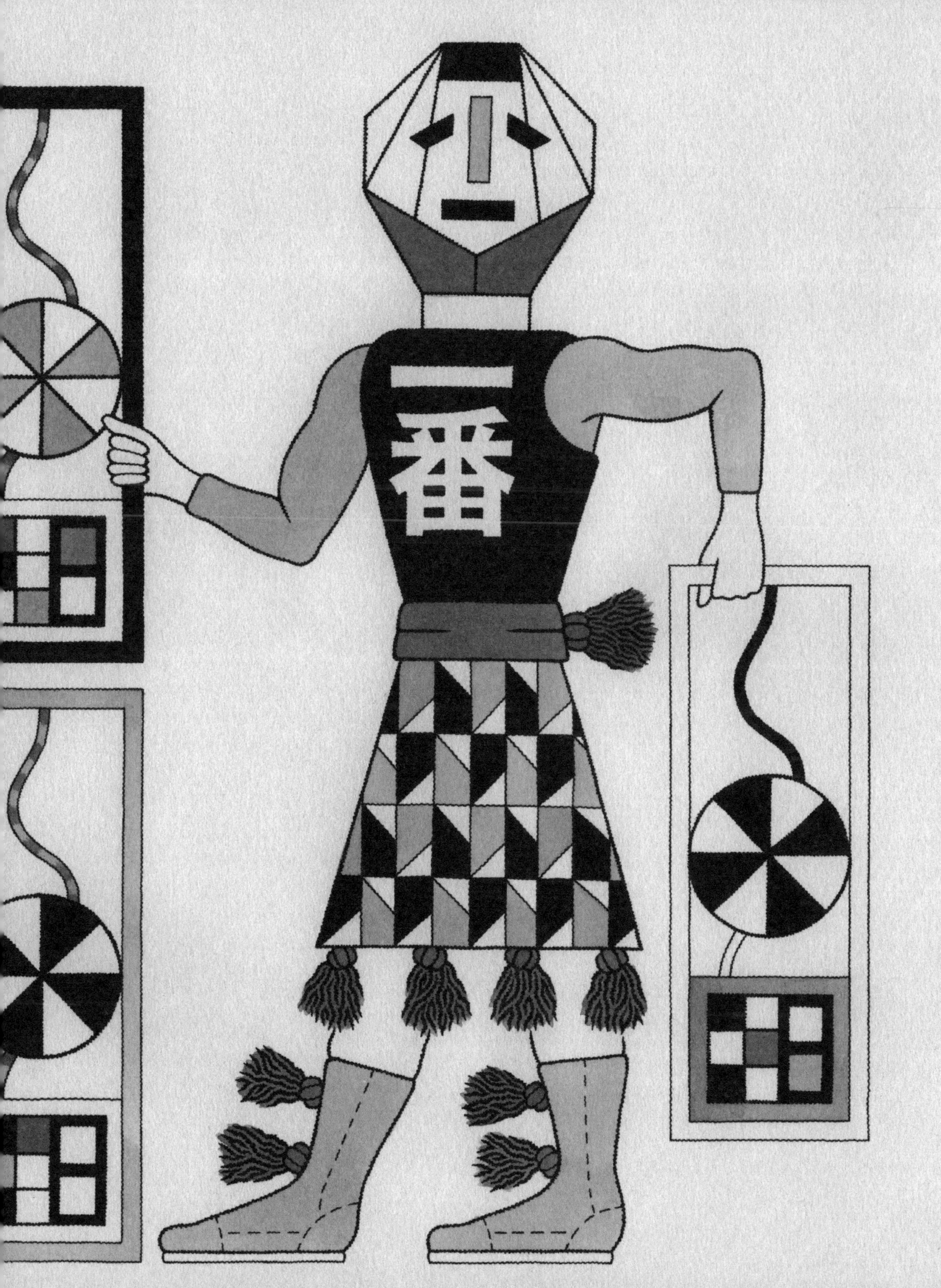
一番

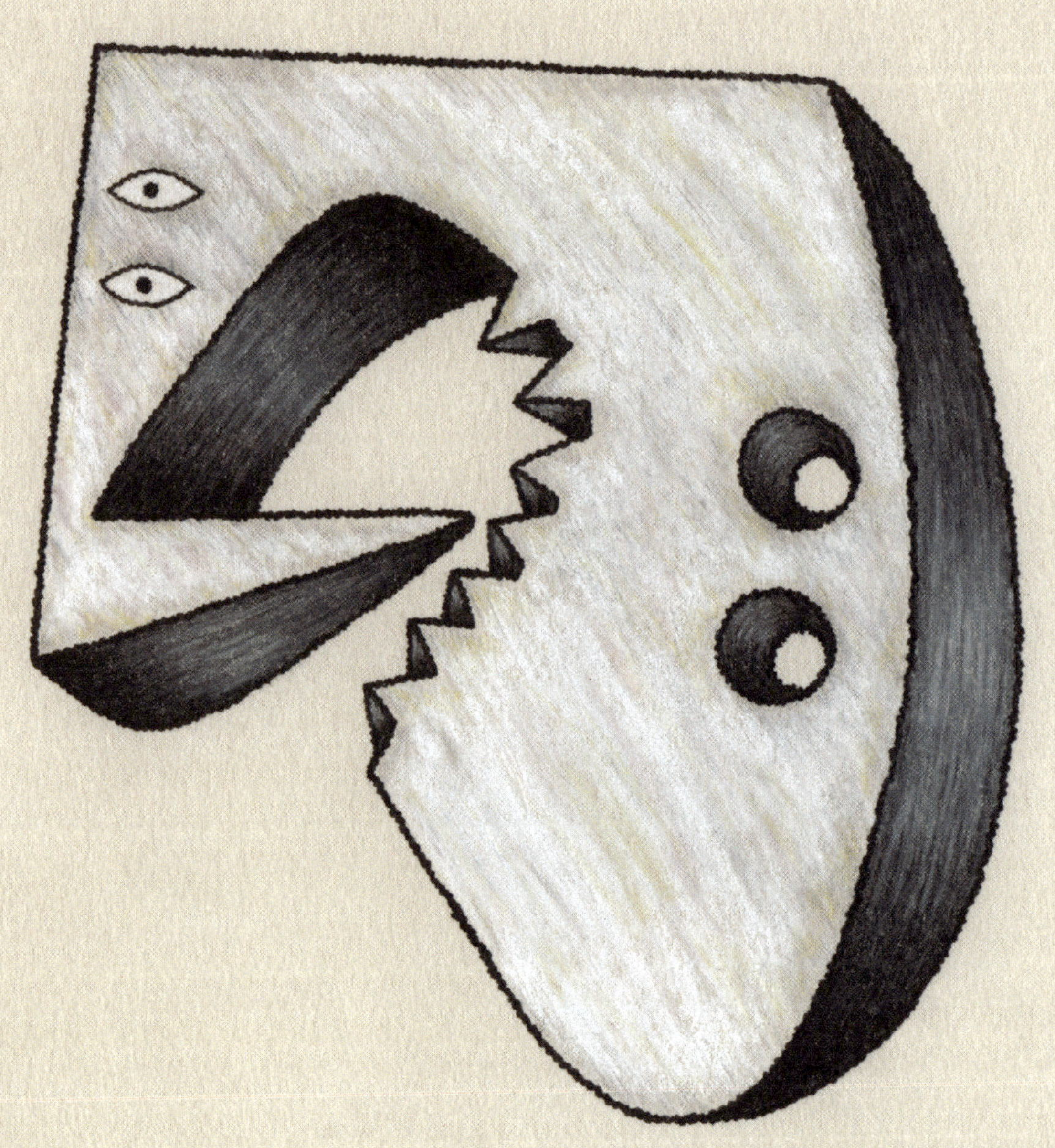